BEI GRIN MACHT SICH IHR WISSEN BEZAHLT

Selbstmanagement. Kreativität, Zeitmanagement

GRIN ☺

Bibliografische Information der Deutschen Nationalbibliothek:

Die Deutsche Nationalbibliothek verzeichnet diese Publikation in der Deutschen Nationalbibliografie; detaillierte bibliografische Daten sind im Internet über http://dnb.d-nb.de abrufbar.

ISBN: 9783346673664
Dieses Buch ist auch als E-Book erhältlich.

© GRIN Publishing GmbH
Trappentreustraße 1
80339 München

Druck und Bindung: Books on Demand GmbH, Norderstedt Germany
Gedruckt auf säurefreiem Papier aus verantwortungsvollen Quellen

Das Buch bei GRIN: https://www.grin.com/document/1246682

Einsendeaufgabe Alternative A

abgegeben am 26.09.2021

SRH Fernhochschule

Modul: Selbstmanagement

Studiengang: Betriebswirtschaftslehre und Digitalisierung

Inhaltsverzeichnis

Abbildungsverzeichnis

Tabellenverzeichnis

1 Kreativität

1.1 Der Begriff Kreativität

Der Begriff „Kreativität" stammt aus dem lateinischen Wort „creare", übersetzt bedeutet das Wort „erschaffen". Die meisten Menschen bringen den Begriff „Kreativität" mit geistigen oder handwerklichen Werken von Künstlern in Zusammenhang. Die Kreativität bietet jedoch mehr als das. Der Begriff wird vom Schweizer Psychiater und Kreativitätsforscher Gottlieb Guntern auch als die Fähigkeit, ein Produkt zu erschaffen, das von einer Gruppe, mit entsprechender fachlicher Kompetenz, kritischer Personen als funktionell, originell, einmalig und adäquat beurteilt wird, definiert. Von besonderer Bedeutung ist dabei die Zusammenwirkung beider Gehirnhälften. Kreativität beschreibt vier Fähigkeiten:[1]

- etwas (Dinge oder Prozesse) zu gestalten,
- Erfahrungen neu zu kombinieren,
- bestehendes zu verändern,
- neue Ansätze zu finden und Probleme zu lösen.

Mihaly Csikszentmihalyi, einer der bedeutendsten Wissenschaftler auf dem Gebiet der Kreativitätsforschung definierte den Begriff Kreativität wie folgt: „Kreativität ist jede Handlung, Idee oder Sache, die eine bestehende Domäne verändert oder eine bestehende Domäne in eine neue verwandelt."[2]

1.2 Der Ansatz von Joy Paul Guilford

Joy Paul Guilford, ein faktorenanalytisch arbeitender Persönlichkeits- und Intelligenzforscher sah Kreativität als eine Fähigkeit, mit der Individuen Lösungsmöglichkeiten für Probleme entwickeln. In der neueren Kreativitätsforschung ist auf seine Arbeiten Mitte der 50er Jahre des 19ten Jahrhunderts zurückzuführen. Im Wesentlichen beschäftigte er sich mit der Verbesserung von Intelligenztests, abweichendem Denken und Kreativität. Mit

---

[1] Vgl. *Pastoors* (2018), S. 81
[2] *Csikszenthmihalyi* (2010), S. 48

der Entwicklung diverser Tests, machte es Guilford möglich, ein Maß an kreativem Denken zu messen, damit legte er den Grundstein moderner Kreativitätsforschung. Guilfords Ziel war es, Kreativität als Konzept der Psychologie anzusiedeln, welches definiert und messbar ist. Guilford bezog Intelligenz und Kreativität auf zwei Arten von Problemlöseprozesse, welche er als konvergentes und divergentes Denken bezeichnete. Bei dem konvergenten Denken handelt sich um eine konventionelle Art, Probleme zu lösen. Außerdem ist diese logisch, rational und auf die Findung einer einzelnen Lösung gerichtet. Zum Beispiel gehören Aufgaben in Intelligenztests überwiegend zu diesem Typ an. Divergentes Denken unterscheidet sich vom konvergenten Denken darin, dass nicht von einer einzelnen Lösung ausgegangen wird. Bei dem divergenten Denken werden mehrere Lösungen entwickelt.[3] Unter Kreativität verstand Guilford die Fähigkeit, diese Denkprobleme zu lösen. In der folgenden Abbildung werden die Unterschiede zwischen konvergentes und divergentes Denken verdeutlicht.[4]

Konvergentes, vertikales Denken:	Divergentes, laterales Denken:
• Logisch rational	• Spielerisch, assoziativ
• In eine Richtung	• In viele Richtungen
• Beim Thema bleiben	• Vom Thema abweichen
• Homogen, widerspruchsfrei	• Heterogen, akzeptiert Widersprüche
• Bewährte Lösungsverfahren	• Erfindet neue Verfahren
• Kritische Einwände verbessern konvergentes Denken	• Kritische Einwände behindern divergentes Denken
• Eine richtige Lösung	• Viele originelle Lösungen

Tabelle 1: Gegenüberstellung konvergentes und divergentes Denken
(Quelle: entnommen aus Nöllke/ Beermann/ Schubach 2012, S. 18)

---

[3] Vgl. *Arenberg* (2015) S. 13
[4] Vgl. *Asendorpf/Neyer* (2018), S. 163

Zur Erfassung von Kreativität lassen sich zwei empirische Zugänge unterscheiden:

- Kreativitätstests
- Selbst- und fremdbeurteilte Kreativität

Die Kreativitätstests sollten vor allem vier Komponenten der Fähigkeit hinsichtlich des divergenten Denkens erfassen:

- Sensitivität gegenüber Problemen, indem beispielsweise naheliegende Erklärungen von Sachverhalten dargelegt werden und dann nach Alternativen gefragt wird.
- Flüssigkeit des Denkens, indem beispielsweise eine Vielzahl von Verwendungsmöglichkeiten einer Fliese innerhalb von wenigen Minuten, ca. 2 Minuten, aufgezählt werden sollen.
- Originalität des Denkens, indem beispielsweise nach entfernt liegenden Analogien zu vorgegebenen Aussagen gefragt wird.
- Flexibilität des Denkens, wird unter anderem durch Aufgaben wie das Neun-Punkte-Problem festgestellt.

Guilford nach werden diese Merkmale in Verbindung mit durchschnittlicher Intelligenz und einem Minimum an bereichsspezifischem Wissen kreative Leistungon ermöglichen sowie vorhersagen lassen.[5]

1.3 Kreativitätstechniken für Fernstudierende

Grundsätzlich steckt in jedem Menschen eine gewisse Kreativität, jedoch fehlt vielen die Struktur. Im Vordergrund der gesamten kreativen Methoden steht immerfort ein Problem. Ursula Wolters beschreibt das Problem als zentralen Ort der Kreativität. An diesem Ort findet zügig der Wechsel in die Lösungsorientierung statt. [6] In der heutigen Zeit reichen gute Leistungen im internationalen Wettbewerb nicht mehr aus. Die Unternehmen müssen sich gegenüber den Wettbewerbern behaupten. Hierzu benötigen sie kompetentes Personal, dass in der Lage ist kreative Ideen zu entwickeln, um zum Beispiel

---

[5] Vgl. *Asendorpf/Neyer* (2018), S. 163
[6] Vgl. *Wolters* (2015), S. 182

einen größeren Marktanteil zu erlangen. Genau dafür werden Kreativitätstechniken verwendet. Kreativitätstechniken verhelfen Teams oder auch einzelnen Personen, aus den gewohnten Denkmustern auszubrechen, kurz: kreativ und innovativ zu sein.[7]

Unterteilen lassen sich die Kreativitätstechniken in zwei Methoden. Zu einem gibt es die Kreativ-intuitive Methode und zum anderen die Analytisch-systematischen Methoden. Die Kreativ-intuitive Methode baut auf Assoziationen auf. Unter dem Begriff „Assoziation" versteht man automatisierte Gedankengänge, bei denen unterschiedliche Informationen oder erlernte Beziehungen, verknüpft werden. Die Kreative-intuitive Methode lässt sich in zwei Techniken unterteilen, einmal in die Assoziationstechniken und die Analogtechniken. Bei den Assoziationstechniken handelt es sich um eine Technik, seine Gedanken freizulassen und in die unterschiedlichsten Richtungen zu denken. Durch die Verknüpfung von Gedanken und Vorstellungen zu neuen Kombinationen, erhält man eine Vielzahl von Begriffen, die zu Lösungsmöglichkeiten ausgearbeitet werden können. Unterschieden wird hier zwischen dem Brainstorming und Brainwriting.[8] Die Analogietechniken werden auch als Methoden der schöpferischen Konfrontation bezeichnet. Diese bauen auf der Beobachtung auf, dass Ideen vielmehr nicht aus einer bewussten Auseinandersetzung mit einem Problem entstehen, dagegen als eine Reaktion auf problemfremde Beobachtungen. Zu den Analogietechniken gehören die Semantische Intuition und die TILMAG Methode.[9] Wiederum geht es bei der Analytisch-systematischen Methode, um die Struktur und Systematisierung. Das Problem wird anhand diverser Checklisten unter einer Vielzahl von Gesichtspunkten unter die Lupe genommen. Grundlage der Ansätze zur Problemlösung ist eine methodische Analyse des vorhandenen Problems. Von entscheidender Bedeutung ist ein solches Vorgehen, vor allem wenn es sich um Situationen, in denen es um Lösungen technischer Probleme, die Optimierung von Arbeitsprozessen oder die Reorganisation bestehender Organisationsstrukturen handelt. Die Modelle zur systematischen Problemlösung haben eine dreistufige Struktur gemeinsam:[10]

---

[7] Vgl. *Traut-Mattausch/Kerschreiter* (2018), S.268
[8] Vgl. *Becker* (2018), S. 90-91
[9] Vgl. *Becker* (2018), S. 92
[10] Vgl. *Becker* (2018), S. 95

1. Analyse des Problems und Formulierung der Arbeitsaufträge
2. Analyse der möglichen Lösungen und Eingrenzung auf eine aussichtsreiche Lösungsstrategie
3. Umsetzung der ausgewählten Lösungen mit anschließendem Controlling

Beispiele hierfür sind zu einem der Morphologische Kasten und der Problemlösungsbaum. Folgende Tabelle stellte die beschriebenen Methoden dar:

Kreativ-intuitive Methoden	Analytisch-systematische Methoden
Assoziationstechniken:	Morphologischer Kasten
klassisches Brainstorming	Morphologische Matrix
Brainwriting (Pool)	Problemlösungsbaum
Methode 635	Sequentielle Morphologie
Analogietechniken	Osborn-Checkliste
(schöpferische Konfrontation):	Funktionsanalyse
Synektik	TRIZ
Semantische Intuition	
TILMAG-Methode	
Umkehrtechnik	
Bionik	

Tabelle 2: Gruppen der Kreativitätstechniken

(Quelle: Nölke (2010), S. 8)

Einer der weit verbreitetsten Kreativitätstechniken ist das Brainstorming. Bei dieser Kreativitätstechnik werden zu einem bestimmten Thema Ideen chaotisch und ohne jegliche Wertung gesammelt. Zum Ende steht eine Vielzahl von Ideen, die anschließend priorisiert werden.[11] Fernstudierende können diese Kreativitätstechnik zum Beispiel für die Auswahl Ihres Themas bei der Bachelor-Arbeit oder Projektarbeit nutzen. Sie können Karteikarten dazu verwenden und diese auf einem Flipchart anbringen. Anschließend werden die Ideen in A, B oder C priorisiert und ausgewertet.

---

[11] Vgl. *Schawel/Billing* (2018), S. 57

Eine weitere sehr verbreitete Kreativtechnik ist das Mind-Mapping. Diese Methode unterstützt dabei, ein Thema umfassend zu betrachten und die Beziehungen zwischen Elementen transparenter abzubilden. Bei dieser Methode werden ein Problem und die zentrale Idee in die Mitte eines Blattes aufgeschrieben. Der Fernstudierende kann seine Ideen oder Aspekte, die ihm zu einem Thema einfallen, um die Mitte herum in Ästen untergliedern und verknüpfen.[12] Diese Methode bietet dem Fernstudierenden die Möglichkeit zum Beispiel bei Einsendeaufgaben oder Hausarbeiten, sich einen gewissen Überblick zu verschaffen und eine Struktur zum Thema zu entwickeln.

2 Zeitmanagement

2.1 Zeitmanagement für Studierende

Ein bekanntes Zitat zum Thema Zeitmanagement stammte von Johann Wolfgang von Goethe und Joseph Sebastian Grüner im achtzehnten Jahrhundert: „Der Mensch kann Unglaubliches leisten, wenn er die Zeit einzuteilen und recht zu benutzen weiß."[13] Beschäftigt man sich mit dem Thema Zeit, so ist der Ausgangspunkt für alle Menschen gleich. Der Tag besteht aus 24 Stunden, soviel Zeit steht jedem von uns täglich zur Verfügung.[14] Daher ist der Begriff Zeitmanagement so nicht richtig. Zeit lässt sich nicht managen, sie ist fortdauernd.[15] Vor allem geht es beim Zeitmanagement darum, sich den Umgang mit Zeit bewusst zu machen und diese bewusst einzuteilen, Aufgaben zu priorisieren und aufzuteilen sowie zu übergeben. Zeitmanagement wird daher mit dem Begriff Selbstmanagement in Verbindung gebracht.[16]

Wenn man an Präsentationen denkt, bringt man diesen Begriff schnell mit dem Programm „PowerPoint" in Verbindung. PowerPoint wird heutzutage zur Erstellung eines Vortrags verwendet, es bietet eine benutzerfreundliche

---

[12] Vgl. *Schawell/Billing* (2018), S.211
[13] *Goethe/Grüner* (1823)
[14] Vgl. *Becker* et. al. (2018), S. 117
[15] Vgl. *Kaschak* (2015), S. 157
[16] Vgl. *Rusch* (2019), S. 113

Oberfläche mit dem man schnell eine Präsentation oder Thema vorbereiten kann.[17] Bei der Gestaltung von PowerPoint Präsentationen ist einer der wichtigsten Bedingungen, die Fokussierung auf die Zielgruppe. Die Fähigkeiten des Publikums beim Betrachten visualisierter Informationen werden oftmals unterschätzt. Das Publikum bewertet beim Betrachten optische Details als positiv oder negativ und überträgt dies auf den Inhalt der Informationen, oftmals unbewusst.[18] Folgend wird eine PowerPoint-Folie zum Thema „Zeitmanagement für Studierende" dargestellt. Anschließend wird auf die Prinzipien und Regeln dieser PowerPoint-Folie eingegangen.

Tipps für effektives Zeitmanagement

- Schriftlich Planen (To-Do-Liste/Kalender)

- Prioritäten setzen (Eisenhower Matrix)

- Ziele setzen (SMART)

- Pufferzeiten einplanen

Abbildung 1: PowerPoint-Folie "Zeitmanagement für Studierende"

(Quelle: eigene Darstellung)

Die abgebildete PowerPoint-Folie „Zeitmanagement für Studierende" stellt eine Titelfolie dar. Diese Titelfolie beinhaltet eine Überschrift, vier Aufzählungen und zwei Abbildungen in Form einer Stoppuhr und einer Sanduhr. Der Inhalt, der Folien, sollte sich auf das wesentliche konzentrieren, daher wird abgeraten die Folien mit übermäßigem Text zu überladen, sie dienen ausschließlich zur

---

[17] Vgl. *Hölscher* (2017), S. 9
[18] Vgl. *Tuhls* (2013), S. 61

Unterstützung der Präsentation.[19] Grundlegend soll jede Folie ein Thema haben. Dieses Thema wird im Folientitel erwähnt, da der Folientitel als thematische Klammer für die Stichpunkte dient. Dem Publikum fällt es deutlich leichter, worum es in der Präsentation geht, sie können den Inhalt leichter zuordnen. Passen die Stichpunkte zu einem bestimmten Thema nicht auf eine Folie, kann das Thema auf der nächsten Folie, mit demselben Titel und fortlaufender Nummerierung, fortgeführt werden.[20] In der fiktiv erstellten Folie „Abbildung 3" wurde das Thema mittig im Folientitel ausgerichtet, fett, und unterstrichen, damit sich das Thema von den darunterliegenden Stichpunkten in der Folie abhebt.

Die Lesbarkeit einer Folie wird durch eine gut überlegte Mischung der Schriftarten immens verbessert. Gleichzeitig wird eine passende Anmutung zur Präsentation erreicht. Nach der DIN-Norm 16518 werden Schriften offiziell in elf unterschiedliche Kategorien eingeteilt.[21] Zu den Einflussfaktoren bei der Gestaltung von PowerPoint-Folien gehören der Raum, Licht, Umfeldbedingungen und weitere Faktoren. Das Publikum könnte ebenfalls zu den Einflussfaktoren gehören. Besonders gut eignen sich die Schriftarten, wie Arial oder Verdana, diese sind besser auf Folien zu lesen.[22] In der PowerPoint-Folie aus „Abbildung 3" wurde die Schriftart „Arial" verwendet. Für die Überschrift wurde die Schriftgröße 44 pt und für den Inhalt unter dem Folientitel die Schriftgröße 28 pt für eine gute Lesbarkeit verwendet. Als Grundsatz bei Schriften gilt: Weniger ist mehr. Es sollen nur zwei Schriftarten in der kompletten PowerPoint Präsentation verwendet werden, da mehr als zwei Schriftarten, maximal drei, unruhig wirken.[23]

Ein weiterer Einflussfaktor bei PowerPoint Präsentationen ist die Struktur und Menge des Textes. Die PowerPoint-Folien sollen den Präsentator unterstützen und deshalb sollten keine ellenlangen Texte auf den Folien vorzufinden sein. Der Text sollte sich auf bestimmte Begriffe, Schlagwörter oder kurze Sätze beschränken. Dem Publikum fällt es dadurch leicht, den Inhalt der Folie zügig

---

[19] Vgl. Bensberg (2015), S. 58
[20] Vgl. Tuhls (2013), S. 64
[21] Vgl. Hölscher (2017), S. 32
[22] Vgl. Arenberg (2015), S. 96
[23] Vgl. Hölscher (2017), S. 32

und einfach dem Gesprochenen zuzuordnen. Aufzählungszeichen gehören auch zu dem Text. In diesem Zusammenhang spricht man unter anderem von der 7x7 Regel, dies bedeutet, dass maximal sieben Aufzählungen zu maximal sieben Wörtern aufgeführt werden sollten. Selbstverständlich kann es auch zu mehrzeiligen Aufzählungen kommen. Zeilen- und Absatzabstände allein sind keine stellen keine verwendbare Hilfe hinsichtlich der Orientierung. Deshalb werden Aufzählungszeichen benötigt, um die Struktur zu gewährleisten.[24] In der Abbildung 3 sind vier Aufzählungszeichen aufgeführt und durch Absätze getrennt, dies bietet dem Publikum eine bessere Orientierung.

Die Farbgestaltung bei PowerPoint Präsentationen spielt ebenfalls eine bedeutende Rolle. In vielen Präsentationen werden Farben überwiegend zufällig verwendet.[25] Standardmäßig wird bei einer PowerPoint-Präsentation, ein weißer Hintergrund und schwarze Schrift verwendet, dadurch entsteht der bestmögliche Kontrast. Dieser Kontrast wirkt sich positiv auf die Folieninhalte aus. Dies bedeutet jedoch nicht, dass der Hintergrund weiß und die Schrift schwarz verwendet werden soll, Farben wecken das Interesse des Publikums.[26] In Abbildung 3 wurde die Farbe Gelb ausgewählt, da diese für Sonne, Freude, Wärme und Neid steht. Die Farbe Gelb gehört zu den warmen Farben, sie wird außerdem mit Begriffen wie, hell, frech, fröhlich, befreit, anregend und Warnung in Verbindung gebracht. Warme Farben wirken stimulierender als kalte Farben wie zum Beispiel Blau und Grün.[27] Bei der Erstellung dieser PowerPoint-Folie wurde darauf geachtet, dass einheitlich Farben verwendet werden. Dies sorgt für ein einheitliches Erscheinungsbild bei der Präsentation und verbessert die Orientierung des Publikums.[28]

Ein Bild sagt bekanntermaßen mehr als tausend Worte. Zur Veranschaulichung einer Botschaft werden in PowerPoint Präsentationen Bilder verwendet.[29] Auf der PowerPoint-Folien „Abbildung 3" wurden eine Stoppuhr sowie eine Sanduhr eingefügt. Die beiden Abbildungen stehen im Zusammenhang mit dem Thema Zeitmanagement. Das Publikum soll die Abbildungen mit dem Thema

---

[24] Vgl. *Tuhls* (2013), S. 118-120
[25] Vgl. *Hölscher* (2017), S. 45
[26] Vgl. *Tuhls* (2013), S. 65
[27] Vgl. *Arenberg* (2015), S. 100
[28] Vgl. *Baumeister* (2019), S. 20
[29] Vgl. *Bensberg* (2015), S. 58

Zeitmanagement in Verbindung bringen. Deshalb ist eine einheitliche Gestaltung der Folien unbedingt notwendig. Dafür ist die Funktion des Folienmasters von PowerPoint geeignet, der die gesamte Präsentation lenkt. Innerhalb dieser Funktion kann man Einstellungen wie Schriftgröße, Hintergrundfarbe, Schriftart und weitere Punkte für die gesamte Präsentation einheitlich gestalten.[30]

Als Letztes gibt es die Animations- und Einblendeffekte. Diese dienen dazu, um die Präsentation lebendiger und spannender zu gestalten. Auf Einsteiger wirken diese Effekte anziehend und als Gewinn. Studien haben bewiesen, dass Animations- und Einblendeffekte nur dann verwendet werden sollen, wenn sie gezielt die Aufmerksamkeit des Publikums auf einen bestimmten Inhalt oder Aussage steuern sollen. Bei der Verwendung der Animations- und Einblendeffekte, nimmt das Publikum instinktiv an, dass der Präsentator dies absichtlich getan hat, um den Fokus auf den Inhalt zu lenken.[31] Sie sollen Inhalte und Aussagen gezielt veranschaulichen, dabei sollte man sparsam mit ihnen umgehen.[32]

3 Aufgabe 3

3.1 Ziele und Planung im Selbstmanagement

Bei den Begriffen Selbst- und Zeitmanagement handelt es sich um unterschiedliche Konzepte, welche einen Überschneidungsbereich beinhalten. Beiden Begrifflichkeiten wird nahegelegt, dass die Beteiligten etwas „managen" können. Die Konzepte beider Begrifflichkeiten, weisen in sich jedoch auch Unklarheiten auf. Beim Selbstmanagement wird davon ausgegangen, dass sich der Beteiligte selbst managen kann. Beim Begriff Zeitmanagement hingegen geht es um die Zeit als Objekt. Die Zeit als Objekt soll gemanagt werden. Da die Zeit eine unelastische Ressource darstellt, ist dies an und für sich unmöglich. Ausschließlich die Art der Aktivitäten können innerhalb von Zeiträumen

---

[30] Vgl. *Baumeister* (2017), S. 123
[31] Vgl. *Arenberg* (2015), S. 97
[32] Vgl. *Bensberg* (2015), S. 58

gemanagt werden.[33] Voraussetzung für ein erfolgreiches Selbstmanagement ist die zyklische Anpassung von den Komponenten Zielsetzung und Zielhandeln in Hinblick auf sich verändernde personenimmanente sowie externe Möglichkeiten und Restriktionen.[34]

„Ziele sind Vorwegnahmen von Handlungsfolgen, die mehr oder weniger zustande kommen. Sie beziehen sich auf zukünftige, angestrebte Handlungsergebnisse und beinhalten zugleich auch eine kognitive Repräsentation dieser Handlungsergebnisse."[35] Im Selbstmanagement haben Ziele eine primäre Bedeutung. Dabei steht im Mittelpunkt sich Ziele zu setzten und sie zu verwirklichen, wenn es darum geht, die im Prozess gewonnen Selbsterkenntnisse in konkrete Handlungen umzusetzen.[36] Unsere Handlungen sind ohne Ziele unvorstellbar. In ihren Handlungen werden Menschen unter Einsatz ihrer Fähigkeiten und Fertigkeiten von ihren Zielen angeleitet, ihr Wissen und ihre Vorstellungen richten sie auf die angestrebten Handlungsergebnisse aus.[37] Meistens verfügt ein Mensch über mehrere Ziele. Diese Ziele sind komplex und stehen in einem Gefüge zueinander und sind hierarchisch strukturiert. Das Zielgefüge besteht aus abstrakten übergeordneten Zielen, Subzielen und Handlungsstrategien. Die abstrakten übergeordneten Ziele gehören zu den Hauptzielen, beispielhaft möchte ein Student sein Fernstudium abschließen. Subziele sind keine Teilabschnitte und werden benötigt, um das Hauptziel zu erreichen, zum Beispiel soll der Student die Klausur im Modul bestehen. Damit die jeweiligen Ziele erreicht werden können, sind Handlungsstrategien notwendig, zum Beispiel soll der Student Fachliteraturen für seine Einsendeaufgabe recherchieren.[38]

Ziele lassen sich gemäß persönlichen Vorzügen, thematisch unterscheiden. Soziale Ziele dienen dem Aufbau und der Pflege von sozialen Kontakten. Zu den Leistungszielen gehören zum Beispiel Denkaufgaben oder motorische Aufgaben, welche sich auf die eigenen Fähigkeiten beziehen. Darüber hinaus gibt es noch

---

[33] Vgl. *Kleinmann/König* (2018), S. 2
[34] Vgl. *Wiese* (2008), S.153
[35] *Hacker/Schmidt/Kleinbeck* (2005-2006)
[36] Vgl. *Graf* (2012), S. 188
[37] Vgl. *Kleinbeck* (2010), S. 255
[38] Vgl. *Brandstätter* et al. (2013), S. 105

die emotionalen Ziele. Im Mittelpunkt stehen die Gefühle zum Beispiel Stress vermeiden und auf etwas stolz zu sein.[39]

Ziele sind der zentrale Auslöser von Motivation, da sie einen großen Einfluss auf das menschliche Handeln haben. Deshalb wird die Begrifflichkeit Ziel von vielen Autoren in Zusammenhang mit Motivation gebracht.[40] Ein bedeutender Faktor ist, dass sich die gesetzten Ziele mit den eigenen Motivationsbereichen, Werten und Bedürfnissen decken.[41] Laut Studien führt eine fehlende Übereinstimmung zwischen Bedürfnissen und Zielen dazu, dass die Lebenszufriedenheit und das individuelle Wohlbefinden sinken.[42] Dieses Motivationspotenzial von Zielen wird in der folgenden Tabelle beschrieben:

Motivationspotenzial	Beschreibung
Bewusste Lenkung der Aufmerksamkeit	Ziele dienen dazu, Aufmerksamkeit und Bemühungen in eine bestimmte Richtung zu lenken (z. B. eine Mitarbeiterin arbeitet intensiv an der Erstellung einer Imagebroschüre)
Konsequente (Weiter-) Verfolgung von Aufgaben	Ziele helfen, Aufgaben beharrlich und ausdauernd weiterzuverfolgen. Etwas misslingt oder man wird abgelenkt, wendet sich aber wieder der Aufgabe zu
Vereinfachung von Strategien	Ziele vereinfachen die Entwicklung und Umsetzung von Aufgaben-strategien. Eine Person entwickelt innovative Methoden, um ein Ziel effizienter zu erreichen. Eine andere Person bricht eine abstrakte Strategie auf konkrete Ziele herunter
Orientierungsmarke	Ziele, die gemeinsam mit Mitarbeitenden und Vorgesetzten festgelegt werden, tragen eine größere Verbindlichkeit in sich. Auf diese Ziele wird bewusst hingearbeitet, sie stellen einen Orientierungsrahmen dar
Kontroll- und Evaluierungshilfe	Ziele und deren Erreichungsfeststellung sind eine wichtige Grundlage für eine systematische Kontrolle und darum oft auch im Kontext der Gesamtzielsetzung einer Organisation einzuordnen. Eine zeitnahe Überprüfung der Erreichung der (Teil-)Ziele und deren Reflexion stellt im Rahmen eines Evaluierungsansatzes ein wichtiges Element im Managementzyklus dar

Tabelle 3: Motivationspotenzial von Zielen

(Quelle: Weinert (2004), S. 215)

---

[39] Vgl. *Kleinbeck* (2010), S. 256
[40] Vgl. *Elliott/Fryer* (2008), S. 235
[41] Vgl. *Kuhl/Koole* (2005), S. 109
[42] Vgl. *Baumann* et. al. (2005), S.795

Das Zielniveau soll einerseits mit den zur Verfügung stehenden Ressourcen und Kompetenzen übereinstimmen. Allerdings muss beachtet werden, dass die Bedürfnisse und Ziele übereinstimmen, denn durch Zielkonflikte kann die Belastungssituation eines Menschen erhöht werden.[43]

Einen immer größeren Stellenwert nimmt die Zielpsychologie im Rahmen der motivationspsychologischen Forschung ein. Zudem untersucht die Zielpsychologie, wie Ziele gesetzt werden, wie Zielrealisierung stattfinden kann und welche selbst regulatorischen Prozesse durch Ziele angekurbelt werden können. Letzten Endes geht um die Frage, welche Art von Zielen löst den größten Erfolg für die Realisierung aus? Beobachten lassen sich hierzu zwei Forschungsrichtungen. Eine Forschungsrichtung beschäftigt sich mit der zielsetzenden Person, indem beobachtet wird, wie sehr das Ziel von ich selbst fokussiert wird. Die weitere befasst sich damit, wie konkret und spezifisch Ziele geplant werden müssen, um optimal realisiert werden zu können. Diese beiden Komponenten sind entscheidende Erfolgsfaktoren für eine funktionierende Zielerreichung.[44]

Ein hohes Commitment mit dem anvisierten Ziel in Kombination mit einer konkreten Planung zeigt den höchsten Effekt bezüglich der Zielerreichung. Damit die Zielerreichung erfolgreich wird, braucht es beide Elemente. Dabei lassen sich drei Hauptfaktoren feststellen, wodurch Ziele überwiegend nicht effektiv realisiert werden können.[45]

- **Ziele sind nicht ausreichend strukturiert und ausgestaltet:**
  Zu viele Ziele werden gesetzt, Zielkonflikte werden nicht zureichend beachtet, die Ziele sind zu eifrig definiert oder zu schwer zu erreichen oder liegen zu weit in der Zukunft. Dadurch sind sie zu gering handlungsleitend oder -steuernd. Die Selbstwirksamkeitserwartung spielt dabei eine markante Rolle.

---

[43] Vgl. *Kuhl/Koole* (2005), S. 123
[44] Vgl. *Storch* (2011), S.185
[45] Vgl. Koestner (2002), S.231

- **Ziele werden aufgrund von äußeren Erwartungen verfolgt:**
Der Grund für die Verfolgung eines Ziels hat einen direkten Einfluss auf die Ausgestaltung der Zielverfolgung und die Erfolgschance einer Zielerreichung. Innere Konflikte tauchen auf, wenn die Ziele nicht mit den inneren Werten und Bedürfnissen übereinstimmen.

- **Handlungspläne sind nicht ausreichend ausgestaltet:**
Damit die Zielverfolgung realisiert werden kann, benötigt es Handlungspläne, die jedoch oft nicht vorliegen. Falscher Zeitpunkt und fehlende Reflexion, wie die Zielerreichung trotz Hindernissen und Problemen erreicht werden kann.

Nach der Zielpyramide nach Storch gibt es verschiedene Typen von Zielen. Storch hat in seiner Zielpyramide drei unterschiedliche Typen von Zielen ins Leben gerufen: Haltungsziele, Ergebnisziele und Verhaltensziele, wie die folgende Abbildung demonstriert.[46]

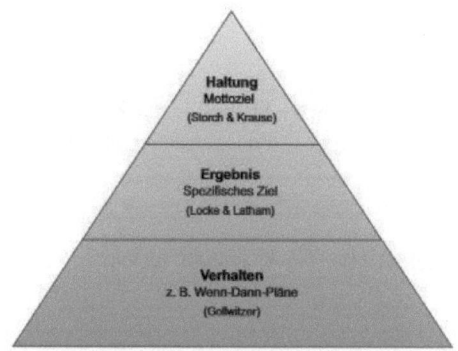

Abbildung 2: Zielpyramide nach Storch

(Quelle: Vgl. Storch und Krause (2014), S. 145; Storch (2011), S.196)

---

[46] Vgl. *Storch* (2010), S. 692

Im Folgenden wird näher auf die Ergebnisziele eingegangen. Wie der Begriff schon sagt, liegt das Hauptaugenmerk bei diesen Zielen darin, ein bestimmtes Ergebnis zu erreichen. In der Praxis wird oft die sogenannte SMART-Regel angewandt, wenn es um ergebnisorientierte Ziele geht. SMART steht für Spezifisch (S), Messbar (M), Attraktiv (A), Realistisch (R) und Terminiert (T). Im Einzelnen werden die Begriffe wie folgt definiert:[47]

- **Spezifisch (S):**
  Die Formulierung von Zielen sollte spezifisch, eindeutig und präzise sein. Außerdem ist auf eine positive Formulierung in der Gegenwart zu achten.

- **Messbar (M):**
  Ziele sollten messbar, kontrollierbar und überprüfbar sein, damit allen Beteiligten bewusst ist, durch welche Messkriterien die Erreichung des Ziels überprüfbar sein wird.

- **Attraktiv (A):**
  Ziele sollten attraktiv, herausfordernd und anspruchsvoll sein, dadurch wird eine motivierende Wirkung ausgelöst. Ebenfalls spiel der Lerneffekt sowie die Weiterentwicklung der Mitarbeitenden eine Rolle.

- **Realistisch (R):**
  Ziele sollten realistisch und überschaubar formuliert sein, darauf ist auf die Menge der formulierten Ziele zu achten. Termine sollen realistisch erreicht werden.

- **Terminiert (T):**
  Alle Ziele sollten einen festgelegten Termin haben, bis zu dem das Ziel erreicht werden soll.

Die folgende Abbildung zeigt die Kriterien grafisch auf:

---

[47] Vgl. *Büser/Gülpen* (2010), S. 692

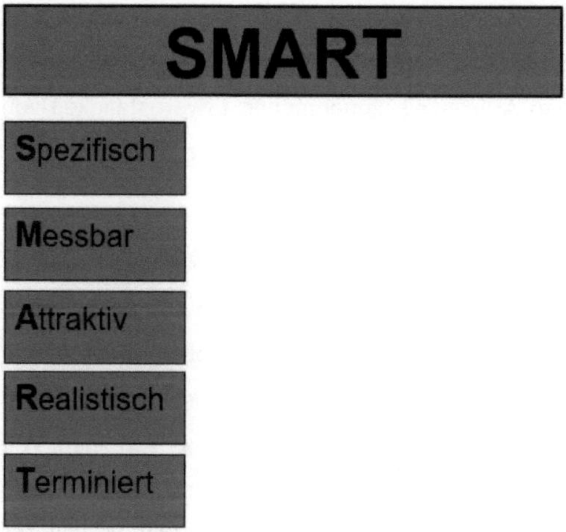

SMART

Spezifisch

Messbar

Attraktiv

Realistisch

Terminiert

Abbildung 3: SMART-Methode

(Quelle: eigene Darstellung)

Abschließend lässt sich sagen, dass nicht nur das richtige Formulieren von Zielen von Bedeutung ist, sondern auch eine konkrete Planung der Ziele, um diese zu erreichen. Somit hängen die Ziele und die Planung im Rahmen des Selbstmanagements zusammen. Die vorab dargestellten theoretischen Grundlagen werden im Folgenden, auf eine Fernstudentin, die neben ihrem Studium arbeitet und eine Familie hat, bezogen.

3.2 Work-Life-Balance

Der Begriff Work-Life-Balance gewinnt in der heutigen Zeit immer mehr an Bedeutung, da viele Menschen neben der Arbeit und dem Beruf nach einem Ausgleich für die Familie streben. Ebenfalls ist ein Wertewandel der Gesellschaft in der heutigen Zeit zu beobachten. Werte wie die Selbstverwirklichung oder Familie und Freundschaften gehören beispielsweise dazu. Zu dieser Begrifflichkeit gibt es keine allgemeingültige Definition. Oft spricht man von einer neuen, intelligenten Verzahnung von Arbeits- und Privatleben. Die Work-Life-Balance stellt somit die Vereinbarkeit von Beruf und Familie sowie deren Integration in Arbeitsbereiche und Freizeit dar. Im Zentrum dabei stehen die

Optimierung und Verbesserung der Lebensqualität.[48] Seit den 80er Jahren fand das Trendthema „Work-Life-Balance" immer mehr Beachtung. Faktoren wie die Reduzierung der wöchentlichen Arbeitszeit, zunehmende Erwerbstätigkeit von Frauen und die Kinderbetreuungsproblematik begünstigten die Auseinandersetzung mit der Work-Life-Balance.[49]

Im Fernstudium spielen das Selbst- und Zeitmanagement eine wichtige Rolle, vor allem bei Fernstudierenden, die neben dem Studium arbeiten und eine Familie haben. Dies erfordert eine gewisse Belastbarkeit, Durchhaltevermögen und Organisationstalent. Damit die Fernstudierende all diese Faktoren und Einflüsse stemmen kann, muss sie sich unbedingt Ziele setzten und diese verfolgen. Wie im vorherigen Kapitel angesprochen, muss die Fernstudierende Ihre Ziele hierarchisch, im Rahmen des Zielgefüges, strukturieren. Das übergeordnete Ziel der Fernstudierenden ist, das Fernstudium erfolgreich zu absolvieren. Um dieses Ziel zu erreichen sind Subziele erforderlich, wie zum Beispiel das Bestehen von Modulprüfungen. Ebenfalls werden Handlungsziele benötigt, um die Ziele zu erreichen, wie zum Beispiel das Recherchieren von Fachliteratur. Die Fernstudentin muss neben ihrem Studium auch noch in Teilzeit arbeiten und sich um ihr Familienleben mit Ehemann und Kindern führen. Damit sie alles unter einen Hut bringen kann, ist eine gewisse Zeitplanung und die Priorisierung von Aufgaben notwendig. Beispielsweise würde der Fernstudentin helfen, ihre Aufgaben im Rahmen der ABC-Analyse zu gewichten. Die Kategorie A steht für sehr wichtige Aufgaben, B für durchschnittlich wichtige Aufgaben und C für weniger wichtige Aufgaben. Folgend ein Beispiel für die Fernstudentin, um den Aufgaben gerecht zu werden:

---

[48] Vgl. *Arenberg* (2015), S. 103
[49] Vgl. *Arenberg* (2015), S. 106

Kategorie	Aufgaben
A (sehr wichtig)	Zeit mit der Familie verbringen
B (durchschnittlich wichtig)	An einer Modulprüfung arbeiten
C (wenig wichtig)	Fernseher gucken

Tabelle 4: ABC-Analyse für eine Fernstudierende

(Quelle: eigene Darstellung)

Literaturverzeichnis

Arenberg, P. (2015), „Kreativitäts- und Präsentationstechniken", 4. Aufl., Riedlingen.

Asendorpf, J./Neyer, F. J. (2018), Psychologie der Persönlichkeit, 6. Aufl., Springer, Berlin, Heidelberg.

Baumann, N./Kaschel, R./Kuhl, J. (2005): Striving for unwanted goals: Stress-dependent discrepancies between explicit and implicit achievement motives reduce subjective well-being and increase psychosomatic symptoms, in: Journal of Personality and Social Psychology, 89,5, 781–799

Baumeister, I. (2017). PowerPoint 2016 Schritt für Schritt zum Profi: Leicht verständlich - komplett in Farbe und mit zusätzlichen Online-Videos!. Deutschland: Bildner Verlag.

Baumeister, I. (2019). PowerPoint 2019 - Grundlagen und Aufbauwissen: Leicht verständlich. Deutschland: Bildner Verlag.

Becker J.H. (2018) Kreativitätstechniken. In: Praxishandbuch berufliche Schlüsselkompetenzen. Springer, Berlin, Heidelberg.

Becker, J. H., Ebert, H., Pastoors (2018), Praxishandbuch berufliche Schlüsselkompetenzen, Springer, Berlin, Heidelberg.

Bensberg G. (2015) PowerPoint-Präsentation. In: Dein Weg zum Prüfungserfolg. Springer, Berlin, Heidelberg.

Büser, T./Gülpen, B. (2010): Zielvereinbarungen und Mitarbeitergespräche, in: Brückermann, R./Müller-Vorbrüggen, M. (Hrsg.), Handbuch Personalentwicklung. Die Praxis der Personalbildung, Personalförderung und Arbeitsstrukturierung, 3. Aufl., Stuttgart: Schäffer-Poeschel, 683–693.

Csikszentmihalyi, M. (2010), Kreativität. Wie Sie das Unmögliche Schaffen und Ihre Grenzen überwinden, 8 Aufl., Stuttgart.

Elliott, A./Fryer, J. (2008): The goal construct in psychology, in: Shah, J./Gardner, W. (Eds.), Handbook of Motivation Science, New York: Guilford, 235–250

Graf A. (2019) Baustein Ziele. In: Selbstmanagementkompetenz in Organisationen stärken. uniscope. Publikationen der SGO Stiftung. Springer Gabler, Wiesbaden.

Graf, A. (2012), Selbstmanagement-Kompetenz in Unternehmen nachhaltig sichern, Leistung, Wohlbefinden und Balance als Herausforderung, Wiesbaden.

Hölscher, L. (2017) PowerPoint 2016 Schnell zum Ziel, Markt+Technik Verlag

Kaschak HJ. (2015) Zeitmanagement. In: Mentaltraining für Finanzdienstleister und Versicherungsvermittler. Springer Gabler, Wiesbaden.

Kleinbeck, U. (Hrsg.) (2010), „Handlungsziele", 4. Aufl., Heidelberg.

Kleinmann, M./König, C. J. (2018), Selbst- und Zeitmanagement. (n.d.). (n.p.): Hogrefe Verlag.

Koestner, R./Lekes. N./Powers, T. A./Chicoine, E. (2002): Attaining personal goals. Self-concordance plus implementation intentions equals success, in: Journal of Personality and Social Psychology, 83, 213–244

Kuhl J./Koole, S. (2005): Wie gesund sind Ziele? Intrinsische Motivation, Affektregulation und das Selbst, in: Vollmeyer, R./Brunstein, J. C. (Hrsg.), Motivationspsychologie und ihre Anwendung, Stuttgart: Kohlhammer, 109–127

Pastoors S. (2018) Kreativität. In: Praxishandbuch berufliche Schlüsselkompetenzen. Springer, Berlin, Heidelberg.

Rusch S. (2019) Zeitmanagement. In: Stressmanagement. Springer, Berlin, Heidelberg.

Schawel, C./Billing, F. (2018), Top 100 Management Tools. Das wichtigste Buch eines Managers, 6. Aufl., Wiesbaden.

Storch, M. (2011): Motto-Ziele, S.M.A.R.T.-Ziele und Motivation, in: Birgmeier, B. (Hrsg.), Coachingwissen. Denn sie wissen nicht, was sie tun?, 2. Aufl., Wiesbaden: VS Verlag für Sozialwissenschaften, 185–207.

Storch, M./Krause, F. (2014): Selbstmanagement – ressourcenorientiert. Grundlagen und Trainingsmanual für die Arbeit mit dem Zürcher Ressourcen Modell (ZRM), 5. Aufl., Bern: Hans Huber.

Traut-Mattausch E., Kerschreiter R. (2018) Kreativitätstechniken. In: Wastian M., Braumandl I., von Rosenstiel L., West M. (eds) Angewandte Psychologie für das Projektmanagement. Springer, Berlin, Heidelberg.

Tuhls, G. O. (2013), PowerPoint 2013 – Das umfassende Praxis-Handbuch, Überzeugend präsentieren, PowerPoint effektiv einsetzen, Ideen kreativ umsetzen, Heidelberg

Weinert, A. B. (2004): Organisations- und Personalpsychologie, Weinheim: Beltz PVU.

Wiese, B. S. (2008), Selbstmanagement im Arbeits- und Berufsleben, Zeitschrift für Personalpsychologie, 7. Jg. Nr. 4, S. 153-169.

Wolters U. (2015) Kreativitätstechniken. In: Lösungsorientierte Kurzberatung. Edition Rosenberger. Springer Gabler, Wiesbaden.